보기만 해도 머리가 좋아지는
이상한 책

1日1分見るだけで記憶力がよくなるすごい写真
吉野邦昭 著
SBクリエイティブ株式会社 刊
2021

1 NICHI 1 PUN MIRUDAKE DE KIOKURYOKU GA YOKU NARU SUGOI SYASHIN
by Kuniaki Yoshino
First published in Japan in 2021 by SB Creative Corp., Tokyo.

보기만 해도 머리가 좋아지는 이상한

책

1일 1분! 두뇌 활동을 200% 자극하는 초간단 집중력 훈련

요시노 구니아키 지음 · 김소영 옮김

북라이프
booklife

옮긴이 **김소영**

다양한 일본 서적을 우리나라 독자에게 전하는 일에 보람을 느끼며 더 많은 책을 소개하고자 힘쓰고 있다. 현재 엔터스코리아에서 일본어 번역가로 활동 중이다. 주요 역서로는 《3분만 바라보면 눈이 좋아진다》, 《논리 머리 만들기》, 《의학박사가 만든 공부머리 좋아지는 퍼즐》 등이 있다.

보기만 해도 머리가 좋아지는 이상한 책

1판 1쇄 인쇄 2022년 5월 17일
1판 1쇄 발행 2022년 5월 24일

지은이 | 요시노 구니아키
옮긴이 | 김소영
발행인 | 홍영태
발행처 | 북라이프
등 록 | 제2011-000096호(2011년 3월 24일)
주 소 | 03991 서울시 마포구 월드컵북로6길 3 이노베이스빌딩 7층
전 화 | (02)338-9449
팩 스 | (02)338-6543
대표메일 | bb@businessbooks.co.kr
홈페이지 | http://www.businessbooks.co.kr
블로그 | http://blog.naver.com/booklife1
페이스북 | thebooklife
ISBN 979-11-91013-40-5 03190

* 잘못된 책은 구입하신 서점에서 바꾸어 드립니다.
* 책값은 뒤표지에 있습니다.
* 북라이프는 (주)비즈니스북스의 임프린트입니다.
* 비즈니스북스에 대한 더 많은 정보가 필요하신 분은 홈페이지를 방문해 주시기 바랍니다.

비즈니스북스는 독자 여러분의 소중한 아이디어와 원고 투고를 기다리고 있습니다.
원고가 있으신 분은 ms3@businessbooks.co.kr로 간단한 개요와 취지, 연락처 등을 보내 주세요.

일러두기

오른쪽 페이지

한 페이지 넘겨서

다음 페이지의 왼쪽 페이지

이 책의 활용 방법

1. 4분할 혹은 16분할 사진을 보고 답하세요.

2. 오른쪽 페이지에 도전해야 할 사진이 있습니다. 한 칸에 1~2초씩, 총 30초가량 사진을 봅니다. 보는 위치는 상관없지만 빠짐없이 보세요.

3. 한 칸을 대충 훑어보지 말고 찍혀 있는 사물 하나하나에 집중해서 보세요. '행동에 대한 집중력'이 높아진다는 감각을 느끼면서 보세요.

4. 한 장 넘기면 왼쪽 페이지에 앞 페이지의 사진에 대한 질문이 있으니 답하세요.

5. 모자이크 패턴은 조금씩 달라집니다. 즐겁게 풀어보세요!

정말 사진을 보는 것만으로도 머리가 좋아질까?

그 사람 이름이 뭐더라? 뭘 사려고 했더라?
'그거'나 '저거' 같은 말을 자꾸 쓰게 되네?
지금 뭘 하려고 했더라? 집 열쇠를 어디에 두었더라….
'나이가 드니까 건망증이 심해졌네…'

주변에서 이런 이야기를 많이 듣습니다.
당신도 **건망증**을 없애기 위해 이런저런 시도를 해보았나요?
그래서 건망증이 **해결되었나요?**
만약 성공하지 못했다면 **실패의 가장 큰 이유**는 '귀찮아서'가 아닐까요?
건망증 해결을 위해서는 두뇌 트레이닝도 해야 되고
식사, 운동, 생활 습관도 개선해야 하지요.

이름이 뭐더라?

요즘에는 **보기만 해도 건망증이 해결되는 학습북**도 나오는데
진짜 '보기만' 해도 될까요?
정말 건망증이 싹 사라질까요?

만약 성공하지 못한다면 실패의 가장 큰 이유는 다음의 두 가지입니다.

① 귀찮거나 어려워서 계속하기가 힘들다
② 진짜 효과가 있는지 의심스럽다

이제는 걱정 없습니다!

이런 문제를 해결하려고 이 책을 만들었으니까요!

기억력과 집중력 회복을 위해 이 책에서는
격자무늬의 분할선이 들어간 '16분할 사진'을 제시합니다.

'분할된 사진을 보는 것만으로 건망증이 진짜 사라진다고?'
이런 의심이 들 수도 있겠지만 걱정하지 마세요.
이 책의 효과는 입증되었습니다.

먼저 이 책의 사용 방법을 간단히 설명하겠습니다.
분할된 사진의 칸 하나를 정해진 시간 동안 보고
다음 칸으로 시선을 이동하세요.
상하좌우 상관없이 시선이 닿는 대로 보면 됩니다.

❸ 마지막 칸까지
②를 반복한다.

❶ 첫 번째 칸을
정해진 시간 동안 본다.

❷ 다음 칸으로 이동해서
또 정해진 시간 동안 본다.

게다가 사진은 **하루에 한 장만** 보면 됩니다.
사진은 약 30초 동안 보고
다 보고 난 뒤 이어지는 질문에 답을 합니다.

답하는 데 걸리는 시간은 30초 정도이니
하루에 1분이면 누구나 할 수 있습니다.

이 책만 있으면 집안일을 하다 잠깐 짬을 내거나,
회사에서 업무 중 쉬는 시간에, 이동하는 전철 안에서 등
약간의 시간적 여유만 생겨도

언제 어디서든 간단하고 즐겁게 집중력 훈련이 가능합니다.
사진을 보기만 하면 되니
'① 귀찮거나 어려워서 계속하기가 힘들다'
이건 말이 안 되죠!

하지만 아무리 꾸준히 할 수 있다고 해도
효과가 없으면 말짱 도루묵이지요.

그런 점은 걱정하지 않으셔도 됩니다.
이 책에서 소개하는 '16분할 사진'은
과학적으로 검증된 방법을 바탕으로 하고 있습니다.

16분할 사진은
미국 최고 대학인 MIT(매사추세츠공과대학)의
뇌과학 연구를 바탕으로 직접 개발한 기억법입니다.

MIT는 아시는 분들도 많겠지만
세계 대학 랭킹에서 9년 연속 1위인
그야말로 **세계 최고봉의 연구 기관**입니다.

매사추세츠공과대학

참고로 같은 랭킹에서
스탠퍼드대학은 2위,
하버드대학은 3위입니다.

이 16분할 사진은
1,082명을 대상으로 실천하게 한 결과,
참가자의 무려 96.4%가
효과를 체험했다고 대답했습니다.
따라서 '② 진짜 효과가 있는지 의심스럽다'라는 문제도
해결한 방법이지요!

나도 할 수 있겠는데!

96.4%가 효과를 체험!

16분할 사진의 효과

그렇다면 어째서 분할선이 들어간 사진을
보는 것만으로 기억력이 좋아질까요?

여러분은 무언가를 깜박했을 때
'내가 왜 까먹었지?'라는 식으로 생각하지 않나요?
사실 그 인식 자체가 잘못되었습니다.

건망증이 생기는 진짜 원인은
'잊어버린 것이 아니라
처음부터 기억하지 않았던 것'에 있습니다.

예컨대, 집 열쇠를 어디에 두었는지 잊어버렸다면
열쇠를 둔 장소가 생각나지 않는 것이 아니라

열쇠를 둔 그 순간
자신의 행동에
집중하지 않았기 때문에
처음부터 기억조차 하지 않았던 것입니다.

그러니까 **기억력이란 '행동에 대한 집중력'**인 셈이지요.

16분할 사진을 보는 것은
분할된 한 장의 사진 정보를
한 칸씩 한정해서 보면서

'행동에 대한 집중력'이 높아지는
과학적인 방법입니다.

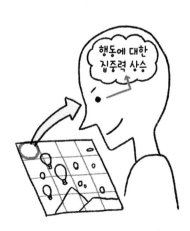

먼저 직접 체험한 분들이
만족스럽다는 의견을 보내 주셨습니다!

전철에서 잠깐씩 했을 뿐인데 '이거'나 '저거'로 말하는 버릇이 없어졌어요!

요즘 들어 대화 중에 사람이나 물건의 이름이 기억나지 않아 '저거'나 '이거', '그거', '그 사람'이나 '이 사람' 등으로 표현할 때가 많아져 불안했어요.

'16분할 사진'은 전철 안에서 주로 했어요. 하루에 한 장씩 딱 1분 만이요.

그런데 2주 정도가 지나니 눈에 띌 정도로 '이거'나 '저거'라는 말을 사용하는 빈도가 줄어든 게 느껴졌어요!

성공한 이유요? 글쎄요! 지금까지 다양한 두뇌 트레이닝을 해봤지만, '행동에 대한 집중력'이라는 말은 처음 들었어요. 아무래도 건망증 개선을 위해서는 시간이나 노력을 많이 들이는 것보다 투자하는 시간이 짧더라도 '행동에 대한 집중력'을 높이는 것이 중요한 것 같아요.

마쓰우라 도모미(40대·여성)

저도 모르는 사이에 사람들 이름이 자연스럽게 떠올라요!

쉰 살이 되기 전부터 사람들 이름이 잘 기억나지 않기 시작했어요. 그때는 약년성치매는 아닐까 싶어 불안했어요. 20년 정도가 지나니 상태도 점점 나빠져 그때보다 더 자주 사람들의 이름을 잊어버리게 되었어요.

'16분할 사진'은 아침과 저녁을 먹은 후에 했어요. 책에서는 하루에 한 장만 해도 된다고 했지만 효과를 빨리 느끼고 싶었던 욕심도 있었고 **단순히 재미있어서 하루에 두 장씩 2주 만에 끝냈지요.** 일주일쯤 지났을 때였을까요? **아내와 얘기하는데 사람들 이름이 술술 나오는 게 아니겠어요?** 특히 만난 지 30년 가까이 된 옛 직장 동료들 이름까지 자연스럽게 떠오르는 게 신기해요.

노자와 다카히로(70대 · 남성)

재미있어서 꾸준히 할 수 있고 집중력은 UP!

저도 남편도 치매가 걱정되는 60대예요. 요즘 들어 건망증이 심해졌는지 그렇게 좋아하던 영화의 내용도 갑자기 생각나지 않을 때가 있어요. 치매 증상은 아닐까 신경 쓰이고 왠지 모르게 마음이 불안했어요.

'16분할 사진'은 마치 게임 하는 것처럼 재미있어요. **이렇게 재미있는 집중력 훈련은 처음이에요!** 처음에는 혼자서 하다가 옆에서 지켜보던 남편이 같이하자고 계속 졸라대서 지금은 둘이 같이 즐겁게 하고 있어요.

무엇보다 건망증이 확실히 사라졌어요. 치매에 대한 불안감도 없어져서 오랜만에 취미생활에 푹 빠져 지내요!

사카모토 아이코(60대 · 여성)

거짓말 같아요. 건망증이 저절로 사라지던데요!

최근에 아들에게 "아빠, 그 얘기 벌써 세 번째 했어요."라는 말을 듣고 놀랐습니다. 제가 같은 이야기를 반복한다는 사실조차 몰랐거든요.

솔직히 처음에 '16분할 사진'을 봤을 때는 '정말 효과가 있을까?'하고 의심스러웠습니다. 너무 단순해 보였으니까요. **일을 하다 휴식 시간에 했을 뿐이라 번거롭지는 않았습니다.**

아들에게서 **"아빠, 요즘에는 똑같은 얘기 또 안 하네."라는 말을 들었을 때 기쁨을 감출 수 없었습니다.** 스스로 효과를 느끼기도 전에 아들이 먼저 알아봐 준 것입니다. '16분할 사진'은 그만큼 간단하고 임팩트가 있다는 걸 몸소 체험했습니다.

기요타 쇼(40대 · 남성)

더 이상 집 열쇠와 스마트폰을 깜박깜박하지 않아요!

어디에 두었는지 집 열쇠를 자주 잃어버리고, 카페에 스마트폰을 두고 오기 일쑤였습니다. 이러다 치매에 걸리는 건 아닌지 매일 두려움에 떨었습니다.

'16분할 사진'은 공원에 산책하러 나가서 했습니다. **갖고 다니기도 편하고 언제 어디서든 할 수 있어 좋았고 힘들지도 않았습니다. 지금은 건망증이 없어져서 괜히 물건 찾아 헤매는 시간도 사라져 하루하루를 효과적으로 활용하고 있다는 만족감까지 생겼습니다.**

걸핏하면 화를 내던 버릇도 자연스레 사라진 것 같습니다. 치매에 대한 두려움이 없는 하루하루가 정말 즐겁습니다.

나카이 가쓰(60대 · 남성)

하루 한 장씩 짬짬이 했을 뿐인데 고작 2주 만에 효과를!

집안일을 하다가 청소기를 가지러 다른 방에 갔는데 뭐 하러 왔는지 잊었던 일이 있었습니다. '16분할 사진'은 집안일을 하다가 짬을 내서 하루에 한 장씩 딱 1분만 했습니다. 2주가 지났을 즈음부터 순식간에 '집중 모드'로 들어가는 느낌이 들어 깜짝 놀랍니다. 집중력이 좋아지니 깜빡깜빡할 일도 없고 학습 능력, 관찰력, 주의력, 순간 기억력 등도 향상되어서 더욱 좋습니다.

시미즈 미나코(30대 · 여성)

집중력이 좋아져서 일에도 능률이 팍팍!

사무직으로 일하는데 작업 효율이 눈에 띄게 떨어졌습니다. 컴퓨터로 업무를 보던 중 '지금 뭘 하려고 했더라?'라는 생각이 들 때가 부쩍 많아졌습니다. '16분할 사진'으로 '행동에 대한 집중력'을 높이니 일도 술술 잘 풀리게 되었습니다! 주변 사람들에게도 적극적으로 추천하고 있습니다.

다네이 겐토(50대 · 여성)

가족이 다 같이 즐겁게 집중력, 기억력 UP!

요즘에 장 보러 가면 뭘 사려고 했는지 깜빡할 때가 많아져 '16분할 사진'에 도전해 보았습니다. '16분할 사진'은 약 챙겨 먹듯이 저녁 식사 후에 간단히 하는 것으로 습관을 들였습니다.
지금은 장 보러 가서 잊어버리는 일이 거의 없습니다. 치매가 걱정되는 부모님이나 산만한 아이와 함께 해도 재밌을 만한 훈련들이 많아서 좋네요.

사와다 요시코(40대 · 여성)

Point 1 1일 1분이면 OK!

하루에 사진 한 장이면 OK. 사진을 보는 시간은 약 30초, 사진에 관한 질문에 답하는 시간도 30초 정도 걸리니 하루에 1분이면 충분해요.

Point 2 28일 = 4주 프로그램

총 28장의 사진을 수록하여 하루에 한 장씩 28일, 4주 완성 프로그램으로 설계했어요. 사람에 따라 빠르면 1주 만에 효과를 볼 수도 있어요.

Point 3 나이 제한 없음

사진에 관한 질문을 읽고 이해할 수만 있다면 나이는 상관없어요! 어린아이부터 할아버지 할머니까지, 온 가족이 다 같이 게임을 하는 것처럼 즐길 수 있지요.

Point 4 언제 어디서나!

아침 출근길 전철 안에서나, 밤에 집에서 쉴 때나, 실내에서나 실외에서나! 갖고 다니기도 편리한 사이즈라 1분의 시간만 있다면 언제 어디서든 할 수 있어요.

CONTENTS

머리가 좋아지는 집중력 트레이닝

머리가 더 좋아지는 비결

먼저 16분할 사진의 예제를 풀어보자!

왜 '16분할 사진'을 보면 기억력이 좋아질까요? 그 이유는 서두에서도 말씀드렸듯이 '행동에 대한 집중력'이 오르기 때문입니다.

우리는 눈이나 귀를 통해 들어온 정보가 바로 기억된다고 믿습니다. 하지만 그것은 잘못된 생각입니다. 기억할 대상에 집중해서 '보고', '들었을 때' 비로소 기억이 되는 것입니다.

스마트폰이 보급되면서 정보의 파도에 휩쓸린 현대인들은 정보 과다로 인해 '행동에 대한 집중력'이 현저히 떨어지고 있습니다. 결과적으로 건망증에 시달리고 집중력이 떨어지는 사람들이 늘고 있는 것이지요.

잠깐 시험해 보겠습니다. 오른쪽 사진을 30초 동안 보고 p.22에 나오는 질문에 답해 보세요.

예제 ①

Question

Q1 횡단보도의 남은 시간은 몇 초인가요?

Q2 왼쪽 인도에서 주황색 셔츠를 입은 남성이 신은 신발은 무슨 색인가요?

Q3 버스 2층의 맨 앞자리에는 몇 명이 타고 있나요?

★ 정답은 p.27에 있어요

어떠셨나요? 생각만큼 기억이 잘 안 나죠. '그런 게 있었어?'라는 말이 불쑥 튀어나오는 분들도 있을 것입니다. 모든 문제의 답을 맞혔다면 당신은 '행동에 대한 집중력'이 상당히 높은 사람입니다.

'어? 하나도 모르겠던데, 어쩌지….'라고 생각한 분들도 괜찮습니다. 완벽히 해낸 분들이 그렇게 많지 않으니 전혀 걱정할 필요 없습니다.

그럼 다음 사진은 어떨까요?

16분할의 사진이 군데군데 모자이크로 가려져있습니다. 시작하는 순서는 상관없으니 사진이 있는 칸을 차례차례 한 칸당 4초씩 보고 다음 질문에 답해보세요.

예제②

Question

Q1 전차 꼭대기에 세워진 미국 국기는 몇 개인가요?

Q2 전차의 차 번호는 몇 번인가요?

Q3 오른쪽 중앙에 선글라스를 낀 남성의 모자는 무슨 색인가요?

★ 정답은 p.27에 있어요

이번 문제는 어떠셨나요? 아까보다는 더 맞히지 않았나요?

사진을 작게 분할해서 정보를 한정하면 보는 순간 자신의 행동에 집중할 수 있습니다. 게다가 처음에는 모자이크로 사진을 가려 칸 수를 제한합니다. 옆 칸으로 집중이 흐트러지지 않도록 말이지요.

이 책은 4주(28일) 동안 천천히 난이도를 높여서 누구든 간단하게 집중력을 훈련할 수 있도록 설계했습니다.

'예제②에서도 한 문제도 못 맞혔는데…'라는 분들도 괜찮습니다. 이 '16분할 사진'은 정답을 맞히는 것보다 '도전하는 것 자체'로 효과가 있습니다. 비록 한 문제도 풀지 못했다 하더라도 당신의 집중력은 확실히 오를 테니 안심하세요.

주차별 문제 유형 미리보기

1st week '16분할 + 모자이크' × 7장

Day4   35

2nd week '16분할만' × 7장

Day11   51

3rd week '4분할 + 모자이크' × 7장

Day15   61

4th week '4분할만' × 7장

Day27   87

MIT의 뇌과학 연구를 바탕으로
96.4%가 효과를 체험한 두뇌 계발법

건망증의 근본적 원인인 '행동에 대한 집중력'을 과학적으로 높이는 방법을 애타게 찾아봤는데, 일본에서는 '이거다!' 싶은 자료를 찾기 힘들었습니다. 그래서 해외 자료에까지 눈을 돌려 '기억'에 관한 해외 논문과 의학서를 닥치는 대로 읽으며 살폈습니다.

그렇게 계속해서 자료를 조사하던 어느 날 어떤 논문을 발견했습니다. 그것이 바로 치매 연구의 1인자인 MIT(매사추세츠공과대학)의 메리 크로포드 포터 Mary Crawford Potter 명예 교수의 연구입니다.

그 논문에 따르면, 눈에 들어온 시각 정보는 0.1초 만에 인식이 되지만 이를 장기 기억하려면 0.3초를 더 봐야 한다고 합니다. 그러니까 하나의 시각 정보를 장기적으로 유지하려면 훑어보는 게 아니라 뚫어져라(총 0.4초 이상) 봐야 할 필요가 있다는 것입니다.

이 논문이 기억에 관한 다른 논문들에도 많이 인용되었다는 점에서 매우 중요한 연구 결과라는 사실을 알 수 있었습니다.

이 논문을 바탕으로 '16분할 사진'을 직접 고안해서 1,082명에게 체험해보게 했습니다. 이중 96.4%의 사람들이 '효과를 느꼈다'라는 반응을 보였습니다.

　'그렇다면 16분할 사진으로는 시각 정보를 통해서만 건망증을 없앨 수 있는 거야?'라고 생각할 수도 있겠지만, 아닙니다. '16분할 사진'은 단순히 시각을 강화한다기보다 **더 본질적으로 자신의 행동 한순간 한순간에 대한 집중력을 높이는 재료입니다.** 따라서 시각뿐 아니라 **귀나 다른 오감을 통해 받아들인 정보의 기억력까지 높여 줍니다.**

　그럼 이제 다음 페이지부터 '16분할 사진'을 시작해 보겠습니다. **이 책을 매일 펼치고 활기찬 하루하루를 보내시길 바랍니다!**

예제 ① 의 정답	예제 ② 의 정답
Q1 19초	Q1 2개
Q2 빨간색	Q2 27
Q3 3명	Q3 검은색

1st week

머리가 좋아지는
집중력 트레이닝

1주차

Day1

Question

Q1 **Transfer**(환승)를 하려면 어느 방향으로 가야 할까요?

① 직진　　② 왼쪽　　③ 오른쪽

Q2 유명 브랜드 이름이 하나 있습니다. 무엇인가요?

Q3 오른쪽 시계의 분침이 가리키는 숫자는 무엇인가요?

★ 정답은 p.43에 있어요

Day2

Question

Q1 하루 중 언제의 사진인가요?
① 이른 아침   ② 낮   ③ 한밤중

Q2 게시판의 브랜드는 무엇인가요?
① Panasonic   ② SONY   ③ SAMSUNG

Q3 12:00에 출발하는 비행기를 타려면 몇 번 게이트로 가야
하나요?

★ 정답은 p.43에 있어요

Day3

Question

Q1 기념사진을 찍고 있는 사람은 다섯 명. 그중 얼굴이 보이는 세 사람 가운데 선글라스를 쓴 사람은 몇 명인가요?

Q2 왼쪽으로 걸어가는 성인 여성은 어떤 옷을 입었나요?
① 주황색 치마   ② 빨간색 바지   ③ 파란색 바지

Q3 왼쪽에 흰색 티셔츠를 입고 앉아 있는 남성은 선글라스를 착용했나요?

★ 정답은 p.43에 있어요

Day4

Question

Q1 왼쪽 바로 앞에 앉아 있는 커플 중 여성의 신발은 무슨 색인가요?

Q2 오른쪽 바로 앞에 앉아 있는 남성은 무엇을 하고 있나요?

Q3 정면의 연노란색 스웨터를 입은 소녀의 가슴 언저리에는 무엇이 있나요?

★ 정답은 p.43에 있어요

Day5

Question

Q1 왼쪽 맨 위 지붕 달린 보트는 어느 방향을 향하고 있나요?
① 정면　　② 측면　　③ 후면

Q2 가장 오른쪽 보트 위에 노란색 가발을 쓰고 서 있는
사람이 입은 옷은 무슨 색인가요?

Q3 맨 아래 중앙 부근에 있는 보트 끝에 그려진 마크는 어떤
모양인가요?
① ∴　　② ★　　③ ♥　　④ △

★ 정답은 p.43에 있어요

Day6

Question

Q1 왼쪽 위에 보이는 뾰족한 탑 꼭대기의 장식은 어떤
모양인가요?

Q2 사람들이 서 있는 줄의 왼쪽에서 정면을 향해 걸어오는 사람의
성별은 무엇인가요?

Q3 땅바닥은 어떤 소재인가요?
① 아스팔트   ② 모래   ③ 돌

★ 정답은 p.43에 있어요

Day7

Question

Q1 아이들은 모두 몇 명이 찍혀 있나요?

Q2 가장 왼쪽에서 배가 보이게 찍힌 아이는 남자아이인가요?
여자아이인가요?

Q3 한쪽 손만 들고 있는 아이는 몇 명인가요?

★ 정답은 p.43에 있어요

1st week (1주 차) 정답

Day1
- (Q1) 1. 직진
- (Q2) CHANEL
- (Q3) 6

Day2
- (Q1) 2. 낮
- (Q2) 3. SAMSUNG
- (Q3) A7

Day3
- (Q1) 2명
- (Q2) 1. 주황색 치마
- (Q3) 쓰지 않았다

Day4
- (Q1) 분홍색
- (Q2) 전화
- (Q3) 선글라스

Day5
- (Q1) 1. 정면
- (Q2) 빨간색
- (Q3) 1. ∴

Day6
- (Q1) ★(별)
- (Q2) 여성
- (Q3) 3. 돌

Day7
- (Q1) 9명
- (Q2) 여자아이
- (Q3) 4명

2nd week

머리가 좋아지는
집중력 트레이닝

2주차

Day8

Question

Q1 같은 색의 열기구가 두 대 나란히 있습니다. 어떤 색인가요?

① 노란색   ② 초록색   ③ 파란색   ④ 빨간색

Q2 사진 속의 열기구는 모두 몇 개인가요?

Q3 가장 높이 날고 있는 열기구는 무슨 색인가요?

① 흰색   ② 검은색   ③ 빨간색   ④ 파란색

★ 정답은 p.59에 있어요

Day9

Day9

Question

Q1 왼쪽의 인도를 걸어가는 여성은 무슨 색 상의를 입었나요?

Q2 오른쪽 맨 앞에 있는 건물벽은 무슨 색인가요?

Q3 왼쪽 맨 앞에 있는 건물의 1층 벽은 살구색입니다.
2층 벽은 무슨 색인가요?

★ 정답은 p.59에 있어요

Day10

Question

Q1   중앙의 큰 나무에 두 가지 색의 꽃이 달려 있습니다.
하나는 분홍색인데, 다른 하나는 무슨 색인가요?

Q2   중앙에서 여자가 양팔로 감싸고 있는 아이가 입은 상의는
무슨 색인가요?

Q3   왼쪽에 유모차가 몇 대 있나요?

★ 정답은 p.59에 있어요

Day11

Question

Q1 춤을 추고 있는 남성이 신은 신발은 무슨 색인가요?

Q2 정면에 보이는 높은 건물은 무슨 색인가요?
① 흰색   ② 검은색   ③ 파란색   ④ 빨간색

Q3 삼각형 모양의 깃발이 쭉 늘어서 있습니다. 흰색과 초록색, 그리고 나머지 하나는 무슨 색인가요?

★ 정답은 p.59에 있어요

Day12

Day12

Question

Q1 밴드 멤버는 모두 몇 명인가요?

Q2 가장 오른쪽 사람이 들고 있는 악기는 무엇인가요?

Q3 왼쪽 위에 있는 도로 표지판에 뭐라고 쓰여 있나요?
① 62-NI-83   ② 15-FH-67   ③ 69-DK-39

★ 정답은 p.59에 있어요

Day13

Question

Q1 오른쪽 맨 아래에 풍선이 있습니다. 무슨 색인가요?

Q2 바로 앞 중앙 부근에 앉아 있는 금발머리 아이의 배낭은 무슨 색인가요?

Q3 맨 앞에 서 있는 남성의 가방은 어떤 종류인가요?
① 숄더백　② 배낭　③ 서류 가방　④ 파우치

★ 정답은 p.59에 있어요

Day14

Question

Q1   왼쪽에 서 있는 선생님은 무슨 색 카디건을 입고 있나요?

Q2   버스 앞 유리 위에 뭐라고 쓰여 있나요?

Q3   줄 끝에서 두 번째 서 있는 아이가 입은 옷은 긴소매와
민소매 중 무엇인가요?

★ 정답은 p.59에 있어요

2nd week (2주 차) 정답

Day8

- Q1 2. 초록색
- Q2 12개
- Q3 3. 빨간색

Day9

- Q1 보라색
- Q2 빨간색
- Q3 하늘색(파란색)

Day10

- Q1 하늘색(파란색)
- Q2 하늘색(파란색)
- Q3 2대

Day11

- Q1 검은색
- Q2 1. 흰색
- Q3 파란색

Day12

- Q1 5명
- Q2 색소폰
- Q3 1. 62-NI-83

Day13

- Q1 주황색
- Q2 빨간색
- Q3 1. 숄더백

Day14

- Q1 초록색
- Q2 SCHOOL BUS
- Q3 민소매

3rd week

머리가 좋아지는
집중력 트레이닝

3주 차

Day15

Question

Q1 화분이 놓인 창문은 모두 몇 개인가요?

Q2 위에 숫자가 적힌 입구가 2개 있습니다. 하나는 595,
다른 하나는 몇 번인가요?

Q3 가장 오른쪽 위에 있는 창문 주변의 벽은 무슨 색인가요?

★ 정답은 p.75에 있어요

Day16

Question

Q1 모자가 딱 하나 놓여 있습니다. 어떤 모자인가요?

① 헌팅캡   ② 베레모   ③ 밀짚모자   ④ 니트 모자

Q2 선반에 개어져 있는 노란색 옷은 모두 몇 벌인가요?

Q3 신발은 모두 몇 켤레 놓여 있나요?

★ 정답은 p.75에 있어요

64

Day17

Question

Q1 가장 왼쪽 위의 메모지에는 뭐라고 쓰여 있나요?

Q2 각 영단어는 모두 대문자인가요, 첫 글자만 대문자인가요?

Q3 압정 색깔은 모두 세 가지입니다. 흰색과 검은색, 그리고 나머지
    하나는 무슨 색인가요?

★ 정답은 p.75에 있어요

WILL se[l]

fiNd Me

SEARCh F

R HeaRT

aH 29 13

Day18

Question

Q1 어떤 숫자가 쓰여 있나요?

Q2 대문자 T가 하나 있습니다. 무슨 색 바탕에 무슨 색
글씨인가요?

Q3 소문자 f가 하나 있습니다. 무슨 색 글씨인가요?

★ 정답은 p.75에 있어요

Day19

Question

Q1 가장 왼쪽 캔에 들어 있는 페인트는 무슨 색인가요?

Q2 손잡이가 빨간 붓은 몇 자루인가요?

Q3 페인트와 붓이 놓여 있는 책상의 나뭇결은 어느 방향을 향해 있나요?

① 왼쪽 위에서 오른쪽 아래 (사선)

② 위에서 아래 (세로)

③ 왼쪽에서 오른쪽 (가로)

★ 정답은 p.75에 있어요

Day20

Question

Q1 닫혀 있는 사물함 중 분홍색 문은 딱 하나입니다. 몇 번 사물함인가요?

Q2 열려 있는 사물함은 딱 하나입니다. 몇 번 사물함인가요?

Q3 107번 사물함의 오른쪽 사물함 문은 무슨 색인가요?

★ 정답은 p.75에 있어요

Day21

Question

Q1 빨간 딱지는 모두 몇 장 붙어있나요?

Q2 오른쪽 가장 아래에 쓰여 있는 한자는 무엇인가요?
① 尾上　② 小木曽　③ 榎戸　④ 織田

Q3 다음 중 사진에 있는 한자는 무엇인가요?
① 遠藤　② 小木　③ 尾崎　④ 岡島

★ 정답은 p.75에 있어요

3rd week (3주 차) 정답

Day15
Q1) 5개
Q2) 94
Q3) 분홍색

Day16
Q1) 3. 밀짚모자
Q2) 2벌
Q3) 3켤레

Day17
Q1) January
Q2) 첫 글자만 대문자
Q3) 파란색

Day18
Q1) 2913
Q2) 검은 바탕에 빨간 글씨
Q3) 파란색

Day19
Q1) 보라색
Q2) 2자루
Q3) 1. 왼쪽 위에서 오른쪽 아래(사선)

Day20
Q1) 105
Q2) 114
Q3) 노란색

Day21
Q1) 4장
Q2) 4. 織田
Q3) 2. 小木

4th week

머리가 좋아지는
집중력 트레이닝

4주차

Day22

Question

Q1 크기가 가장 큰 숫자가 딱 하나 있습니다. 몇 번인가요?

Q2 타원형 번호판은 몇 번인가요?

Q3 빨간색 숫자가 딱 하나 있습니다. 몇 번인가요?

★ 정답은 p.91에 있어요

Day23

Day23

Question

Q1 오른쪽 가장 아래에 있는 문은 무슨 색인가요?

Q2 왼쪽 가장 위에 있는 문 앞에 놓인 꽃은 무슨 색인가요?

Q3 왼쪽 가장 아래에 있는 문 위에는 어떤 글씨가 쓰여 있나요?

① FLICKAN ② BUSSEN ③ BARNET ④ APOTEK

★ 정답은 p.91에 있어요

Day24

Question

Q1 모두 몇 명이 식사를 하고 있나요?

Q2 레드 와인을 마시는 사람은 어느 위치에 있나요?

Q3 마실 것이 없는 사람은 어느 위치에 있나요?

★ 정답은 p.91에 있어요

82

Day25

Day25

Question

Q1 왼쪽 끝에 있는 차는 어느 종류인가요?

① 승용차   ② 버스   ③ 오토바이   ④ 트럭

Q2 오른쪽 바로 앞에 보이는 남성이 들고 있는 먹이통은
무슨 색인가요?

Q3 건물 지붕은 무엇으로 만들어졌나요?

① 금속   ② 플라스틱   ③ 나무   ④ 짚

★ 정답은 p.91에 있어요

Day26

Question

Q1 낙타에 탄 사람은 모두 몇 명인가요?

Q2 왼쪽 위 하늘을 날고 있는 것은 무엇인가요?
① 나비　　② 헬리콥터　　③ 새　　④ 열기구

Q3 낙타에 탄 사람 중에서 가장 앞에 있는 사람은 무슨 색 옷을 입었나요?
① 파란색　　② 핑크색　　③ 보라색　　④ 검은색

★ 정답은 p.91에 있어요

Day27

Day27

Question

Q1 왼쪽 바로 앞에 있는 여자아이는 무슨 색 옷을 입었나요?

Q2 게시판 앞에는 아이가 몇 명 있나요?

Q3 선생님이 들고 있는 펜은 무슨 색인가요?

★ 정답은 p.91에 있어요

Day28

Question

Q1 사진 속 유명한 커피숍은 어느 브랜드인가요?

① 스타벅스　② 도토루　③ UCC　④ 고메다 커피

Q2 왼쪽 위 광고탑의 파란색 동그라미 안에 쓰여 있는 알파벳
두 글자는 무엇인가요?

Q3 오른쪽 아래에서 정면을 향해 마스크를 쓰고 걸어오는 사람의
성별은 무엇인가요?

★ 정답은 p.91에 있어요

4th week (4주 차) 정답

Day22
Q1 70

Q2 79

Q3 76

Day23
Q1 초록색

Q2 주황색(노란색)

Q3 4. APOTEK

Day24
Q1 6명

Q2 오른쪽 위

Q3 가운데 아래

Day25
Q1 1. 승용차

Q2 빨간색

Q3 4. 짚

Day26
Q1 6명

Q2 3. 새

Q3 3. 보라색

Day27
Q1 파란색

Q2 2명

Q3 파란색

Day28
Q1 1. 스타벅스

Q2 UC

Q3 남성

검지만으로 건망증 84% 감소!

검지 트레이닝

열차 기관사가 '출발합니다!'라며 검지를 세워 힘차게 외치는 모습을 본 적이 있나요? 그것은 기합을 넣으려는 것이 아닙니다. **역 끝의 '출발 신호'를 손가락으로 가리켜서 '신호를 확인'하는 '행동에 대한 집중력'을 높이는 과정입니다.**

이를 '지적 환호'라고 하는데, 무척 잘 만들어진 뇌의 메커니즘이라고 볼 수 있습니다. 손가락으로 가리키는 행동으로 '보는 대상'을 의식하고 자신이 낸 목소리를 자신의 귀로 '듣습니다'. 무엇보다 몸을 움직여 신체 감각을 자극합니다.

안전인간공학 분야에서는 **'의식 수준'**을 0부터 4까지 5단계로 나누는 이론이 우세합니다. **지적 환호는 이 중에서 뇌가 정보 처리를 빠르게 해치워 효율이 매우 높은 3단계에 속합니다.** 실제로 일본의 한 연구에서 **아무것도**

하지 않았을 때 2.38%나 되던 실수가 검지로 출발 신호를 가리키며 외치는 행동을 통해 0.38%로 84%나 감소했다는 결과가 나왔습니다.

열쇠나 핸드폰 등 소지품을 어디에 두었는지 잘 잊어버리는 사람이라면 물건을 내려놓을 때 '열쇠를 신발장 위에 놓았다'라고 중얼거리며 지적 환호를 해보세요.

우산을 전철이나 카페에 두고 오는 일이 잦다면 자리에서 일어나면서 빙글 돌며 '잊어버린 물건 없음!'이라고 지적 환호를 해보세요.

사람들 앞에서 물건을 손가락을 가리키면서 소리를 내기 부끄럽다면, 그쪽을 향해 손가락으로 가리키는 동작을 떠올리면서 마음속으로 '○○를 □□에 놓았다'라고 중얼거려보세요. 그렇게만 해도 효과는 아주 크답니다!

종이와 펜으로 간단히!
한자 트레이닝

우리는 어릴 적 한자를 반복해서 외울 때 '가로, 세로, 가로, 가로, 왼쪽 아래로 뻗기…' 라고 한 획 한 획을 의식하며 썼습니다. 여자 녀女라는 한자는 '여자가 무릎을 꿇고 앉아 있는 모습'으로, 사내 남男은 '밭田을 가는 힘力'이라고 되뇌며 문자 전체를 덩어리로 의식한 사람도 있겠지요.

한자를 반복해서 쓰다보면 곧 생각하지 않아도 쓸 수 있게 됩니다. 이 **'몸이 기억하는 상태'**를 **'절차 기억'**이라고 합니다. 이 기억은 **대뇌기저핵**이나 **소뇌**라는 곳에 저장되어 한 번 기억하면 나중에는 생각하지 않아도 쓸 수 있습니다.

우리는 평소에 한자를 쓸 때 문자 전체를 덩어리로 인식합니다. 그야말로 p.21의 예제①에서 했던 '분할되어 있지 않은 전체 그림을 두루뭉술하게 보는 상태'입니다.

이제 종이와 펜을 준비하고 어린 시절 한자 공부를 했을 때처럼 일부러 '가로, 세로, 가로, 가로, 왼쪽 아래로 뻗기…'라고 중얼거리면서 한 획 한 획 의식을 기울여 써보세요. '행동에 대한 집중력'을 높일 수 있습니다.

실제로 종이와 펜을 준비하지 않더라도 '가로, 세로, 가로, 가로, 왼쪽 아래로 뻗기…' 하며 허공에 대고 손가락으로 써보기만 해도 효과가 있습니다.

전철을 탔을 때 중간에 걸린 광고 글자, 또는 텔레비전을 보다가 나오는 연예인의 이름을 손가락으로 써보세요. 고작 5초밖에 걸리지 않는 훈련이지만 매우 큰 효과를 가져다줄 것입니다.

사실은 절대적인 효과!
포도당

체중의 약 2%를 차지하는 뇌는 몸이 소비하는 전체 에너지 중 20~25%를 소비합니다. 뇌는 다양한 영양 중에서 포도당을 하루에 150g 소비하는데, 이는 몸의 전체 소비량 중 50~80%에 달합니다.

뇌는 왜 이렇게 많은 양의 포도당이 필요할까요? 그것은 뇌가 중요한 기관이기 때문입니다. 뇌에 들어가는 혈액은 혈액뇌장벽 Blood-Brain Barrier: BBB 이라는 검문소를 통과합니다. 그 혈액뇌장벽을 통과할 수 있는 얼마 되지 않는 영양분이 바로 포도당입니다.

포도당 부족은 그대로 뇌의 에너지 부족으로 직결됩니다. 포도당이 부족하면 사고력 저하, 집중력 결여, 의욕 상실, 짜증 등 다양한 증상이 나타납니다. 이들 증상은 그야말로 기억해야 할 때 필요한 '행동에 대한 집중력'을 방해하는 요인입니다.

포도당은 흰 분말 상태의 결정인데, 요즘에는 큐브 상태로 개별 포장되어 편리하게 섭취할 수 있는 제품을 약국에서 쉽게 구할 수 있습니다.

아침에 눈을 떴을 때, 공부나 중요한 일을 하기 전에 한 알 먹으면 뇌의 활동이 좋아지는 것이 느껴질 것입니다.

마트에서 쉽게 사먹을 수 있는 음료수 중에서도 포도당을 주성분으로 하는 것이 있습니다. 성분 표시를 보고 과당이나 설탕이 아닌 포도당이 얼마나 들어 있는지 확인해 보세요. 단, 과당을 과다 섭취하면 당 대사가 악화되거나 중성지방이 늘어날 우려가 있으니 주의가 필요합니다.

하루에 단 1분!
이미지화 트레이닝

학창 시절에 수학여행으로 어디에 갔었나요? 수학여행을 떠올리면 경주나 서울 같은 지명보다 불국사나 서울타워 등 **경치가 먼저 떠오르지는 않나요?**

과거의 추억은 보통 시각 정보로 보관되어 있다는 사실을 눈치채셨나요? 그렇습니다! **뇌가 정보를 받아들일 때 시각 정보로 인식하지 않고 단순히 글자만으로 처리(이해나 기억)하려고 하면 기억에 남기가 어렵습니다!**

그러니 평소에 기억해야 할 정보를 이미지화하는 연습을 해보세요. 신문이나 라디오, 친구와의 대화 속에서 보고 들은 단어나 짧은 문장을 머릿속으로 떠올려보세요. 이 훈련을 통해 기억이 남기 쉬운 뇌가 될 것입니다!

참고 문헌

1　Potter, M. C., Staub, A., Rado, J., & O'Connor, D. H. (2002). Recognition memory for briefly presented pictures : The time course of rapid forgetting. *Journal of Experimental Psychology: Human Perception and Performance,* 28(5): 1163−1175 (MIT: Massachusetts Institute of Technology의 연구) .

2　Kozawa, R., Osugi, T. & Makino, Y. (2015). Memory decay for briefly presented pictures. The Japanese Journal of Cognitive Psychology 12(2):77−87.

3　Findlay, J. M. & Gilchrist, I.D. (2003). *Active vision.* New York: Oxford University Press.

4　Henderson, J. M. & Ferreira, F. (2004). *The Interface of Language, Vision, and Action.* New York: Psychology Press.

5　Intraub, H. (1980). Presentation rate and the representation of briefly glimpsed pictures in memory. *Journal of Experimental Psychology: Human Learning and Memory,* 6, 1−12.

6　Latour, P. (1962). Visual thresholds during eye movements. Vision Research, 2, 261−262.

7　Potter, M. C. (1975). Meaning in visual search. Science, 187, 965−966.

8　Potter, M. C. (1976). Short−term conceptual memory for pictures. *Journal of Experimental Psychology: Human Learning and Memory,* 2, 509−522.

9　Potter, M. C. & Levy, E.I. (1969). Recognition memory for a rapid sequence of pictures. *Journal of Experimental Psychology,* 81, 10−15.

10　Potter, M. C. et al (2002). supra note 2.

11　Potter, M. C., Staub, A., & O'Connor, D. H. (2004). Pictorial and conceptual representation of glimpsed pictures. *Journal of Experimental Psychology: Human Perception and Performance,* 30, 478−489.

사진 제공

Diego Grandi, Debbie Ann Powell, S−F, Nawadoln, Zvonimir Atletic, Thoreau, NataliyaBack, Anibal Trejo, Vastram, Evgeniy Kalinovskiy, Olena Tur, Mirelle, Nils Versemann, 11MON8, JeanLuclchard, demm28, Monkey Business Images, Christian Mueller, Pixel−Shot, FuzzBones, Margaret M Stewart, Sebastian Duda, Images By Kenny, Ned Snowman, defotoberg, Igor Plotnikov, Rawpixel.com, Cyrus_2000, OmMishra, Krakenimages.com, FiledIMAGE, sutadimages, PhotoSGH, Caycebilly/ Shutterstock.com